Пісня хвали

Розділи з Біблії для дітей

Давайте розкажемо про велич Бога всьому світові!

«Уся земле,
покликуйте Господу!»
(Вірш 1)

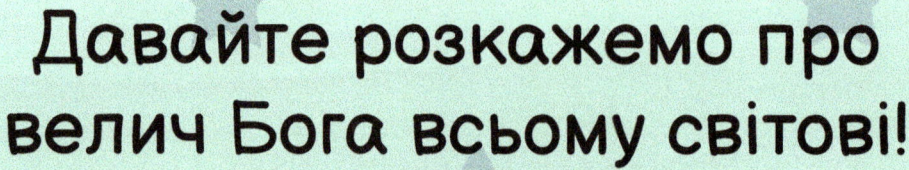

Все робіть для Бога з радістю.

«Служіть Господеві із радістю...»

(Вірш 2а)

Давайте співати для Бога радісні пісні.

«...перед обличчя Його підійдіте зо співом!»

(Вірш 2б)

Пам'ятайте, що Він - істинний Бог.

«Знайте, що Господь Бог Він.»

(Вірш 3а)

Він створив нас, і Він створив увесь Всесвіт!

«Він нас учинив...»

(Вірш 3б)

Ми належимо Господу Богу, і Він Сам піклується про нас.

«... і Його ми, Його ми народ та отара Його пасовиська.»

(Вірш 3в)

Давайте не забувати про Бога і дякувати Йому за все.

«Увійдіть в Його брами з подякуванням...»

(Вірш 4а)

Давайте говорити з Богом і дякувати Йому за можливість спілкуватися з Ним.

«.... на подвір'я Його з похвалою!»

(Вірш 4б)

Дякуйте Богові за все, що Він зробив, і поклоняйтеся Йому.

«... Вихваляйте Його, ім'я Його благословляйте.»

(Вірш 4в)

Господь дивовижний і заслуговує нашої хвали.

«бо добрий Господь...»
(Вірш 5а)

Він нас завжди любитиме.

«... милість Його навіки...»

(Вірш 5б)

І усі Свої обіцянки
Бог виконає.

«... а вірність Його
з роду в рід!»

(Вірш 5в)

Господь, Твоє Ім'я велике і дивовижне по всій землі.

Псалом 8:1
(Переказ)

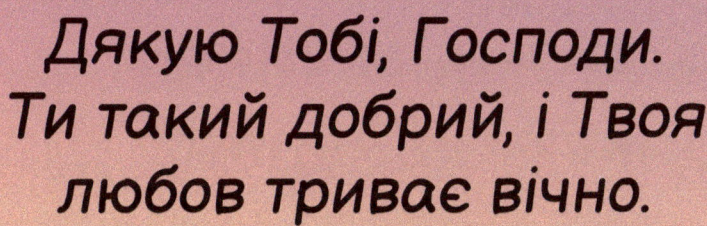

*Дякую Тобі, Господи.
Ти такий добрий, і Твоя
любов триває вічно.*

Псалом 118:1
(Переказ)

Ти створив мене
дивовижним чином.
Дякую за чудові
справи Твої.

Псалом 139:14
(Переказ)

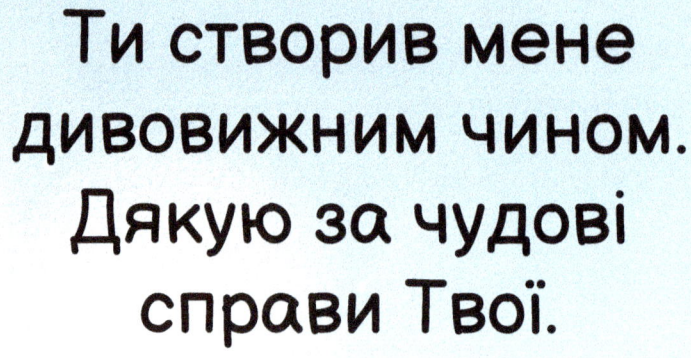

Інші книги з цієї серії:

Опубліковано: iCharacter Ltd. (Ireland)
www.icharacter.org
Складено: Агнес де Безенак
Переклад: Наталія Феррейра
Авторське право 2020.

www.icharacter.org

Авторське право © 2020 iCharacter Ltd. Усі права захищені. Ніяка частина цієї книги не може бути відтворена у будь-якій формі або будь-яким електронним або механічним способом, включаючи системи зберігання і пошуку інформації, без письмового дозволу видавця або автора, за винятком випадків, коли рецензент може процитувати короткі уривки, використані в критичних статтях або в рецензії.